**글쓴이 에스테르 뒤플로**(Esther Duflo)

프랑스 고등사범학교에서 역사와 경제학을 공부한 후 MIT에서 경제학 박사학위를 받았습니다.
2003년에 MIT 빈곤퇴치연구소를 설립, 국가와 지역 차원에서 갖춰야 할 제도, 정책, 리더십에 대해 문제의식을 갖고
아시아와 아프리카 여러 나라에서 사회경제적 문제의 해법을 찾기 위한 실증적 연구를 수행해 왔습니다.
29세에 MIT 종신 교수로 임명되었고 2010년에는 경제학 분야의 석학에게 수여하는 존 베이츠 클라크 메달을,
2019년에는 노벨 경제학상을 수상했습니다.
『가난한 사람이 더 합리적이다』,『힘든 시대를 위한 좋은 경제학』등을 집필했고
<이코노미스트> 선정 '세계가 주목하는 젊은 경제학자 8인',
<타임> 선정 '세계에서 가장 영향력 있는 100인' 등 세계적인 경제학자로 인정받고 있습니다.

**그린이 샤이엔 올리비에**(Cheyenne Olivier)

에콜 에스티엔(École Estienne)과 스트라스부르(Strasbourg) 장식예술학교를 졸업하고 2016년에 앙굴렘 페스티벌에서 수상했습니다.
에스테르 뒤플로의 문제 해결 지식그림책 시리즈 전권의 시각화 작업을 담당하고 있습니다.

**옮긴이 최진희**

이화여대 불어불문학과를 졸업한 뒤 프랑스와 미국에서 거주하며 어린이 그림책을 공부했습니다.
좋은 책을 만나는 경험이 주는 기쁨과 감동을 아이들과 나눌 때 큰 보람을 느낍니다.
옮긴 책으로는『냉장고로 들어간 그림책』,『마음에도 문이 있어요?』,『우당탕탕 책들의 전쟁』이 있습니다.

Neso et Najy Même pas peur de la grande ville! La pauvreté expliquée par Esther Duflo
© 2022, Esther Duflo et Cheyenne Olivier – Tous droits réservés – © Éditions du Seuil, 2022 – 57, rue Gaston-Tessier 75019 Paris
All rights reserved.
Korean translation copyright © 2023 by LIBRIAN
Korean translation rights arranged with Éditions du Seuil through EYA Co.,Ltd
이 책의 한국어판 저작권은 EYA Co.,Ltd를 통해 Éditions du Seuil 와 독점 계약한 라이브리안이 소유합니다. 저작권법에 의하여 한국 내에서 보호를 받는 저작물이므로 무단 전재 및 복제를 금합니다.

Cet ouvrage, publié dans le cadre du Programme d'aide à la Publication Sejong, a bénéficié du soutien de l'Institut français de Corée
du Sud – Service culturel de l'Ambassade de France en Corée.
이 책은 주한 프랑스대사관 문화과의 세종 출판 번역 지원프로그램의 도움을 받아 출간되었습니다.

# NESO ET NAJY

## 네소와 나지, 도시로 가다

에스테르 뒤플로 글 • 샤이엔 올리비에 그림 • 최진희 옮김

라이브리안
LIBRARY

어려도 질문할 수 있어요

어려도 이해할 수 있어요

어려도 할 수 있는 일이 있어요

## 글로벌 리더를 꿈꾸는 어린이들에게

에스테르 뒤플로는 오랫동안 세계 곳곳을 돌며 빈곤을 비롯한 사회경제적 문제의 해결 방안을 찾아
수많은 현장 실험과 연구를 진행한 공로로 2019년에 노벨 경제학상을 받은 학자입니다.
이 책은 어린이들이 세상을 바라보는 더 넓고 포용적인 관점과 안목을 키우는 데 도움을 줄 수 있도록
에스테르 뒤플로가 직접 쓴 문제 해결 지식그림책 중 하나입니다.

네소와 나지는 어느 가난한 시골 마을에서 가족들과 함께 살고 있습니다.
가족들의 생계를 위해 두 사람은 어쩔 수 없이 고향을 떠나 도시로 일자리를 찾아갑니다.
고단하고 외로운 도시 생활을 이겨 내면서 두 사람과 가족들 모두 이전보다 안정적으로 살게 되었습니다.
전염병으로 공장이 폐쇄되어 일자리를 잃고 고향으로 돌아가기 전까지 말이지요.

이 책에 담긴 이야기는 실제로 지구 상의 어딘가에서 어린이들과 청소년들에게 일어나는 일입니다.
그들이 겪는 여러 가지 문제를 나의 문제, 우리의 문제로 받아들이고, 어떻게 행동할지 생각해 보세요.

| 어른을 위한 안내 | 아이들과 함께 읽고 여러 가지 질문을 나누어 보세요. 책의 뒷부분에 있는 《에스테르 뒤플로가 전하는 말》이 도움이 될 거예요.

오늘은 아주 특별한 날입니다. 닐루의 사촌 오빠 네소가 난생처음 마을을 떠나 도시로 가는 날이니까요.

도시에서 일자리를 얻게 되면 꽤 오랫동안 가족들을 만날 수 없을 거예요.

네소는 도시에 도착하자마자 먼 친척을 찾아갔어요. 친척은 네소에게 공사장 일자리를 소개해 주었습니다.

공사장 일은 낯설고 어려웠습니다. 네소는 잔뜩 주눅이 들었습니다.

우리 마을, 우리 가족,
우리 친구들 …….
모두 보고 싶어.
모든 게 낯설고, 나쁜 냄새가 나.
여길 떠나고 싶어.
다시는 오고 싶지 않아.

**밤이 되었습니다. 잠잘 곳이 없는 네소는 공사장 한편에서 잠을 자려고 해 보았지만 너무나 무서웠어요.**

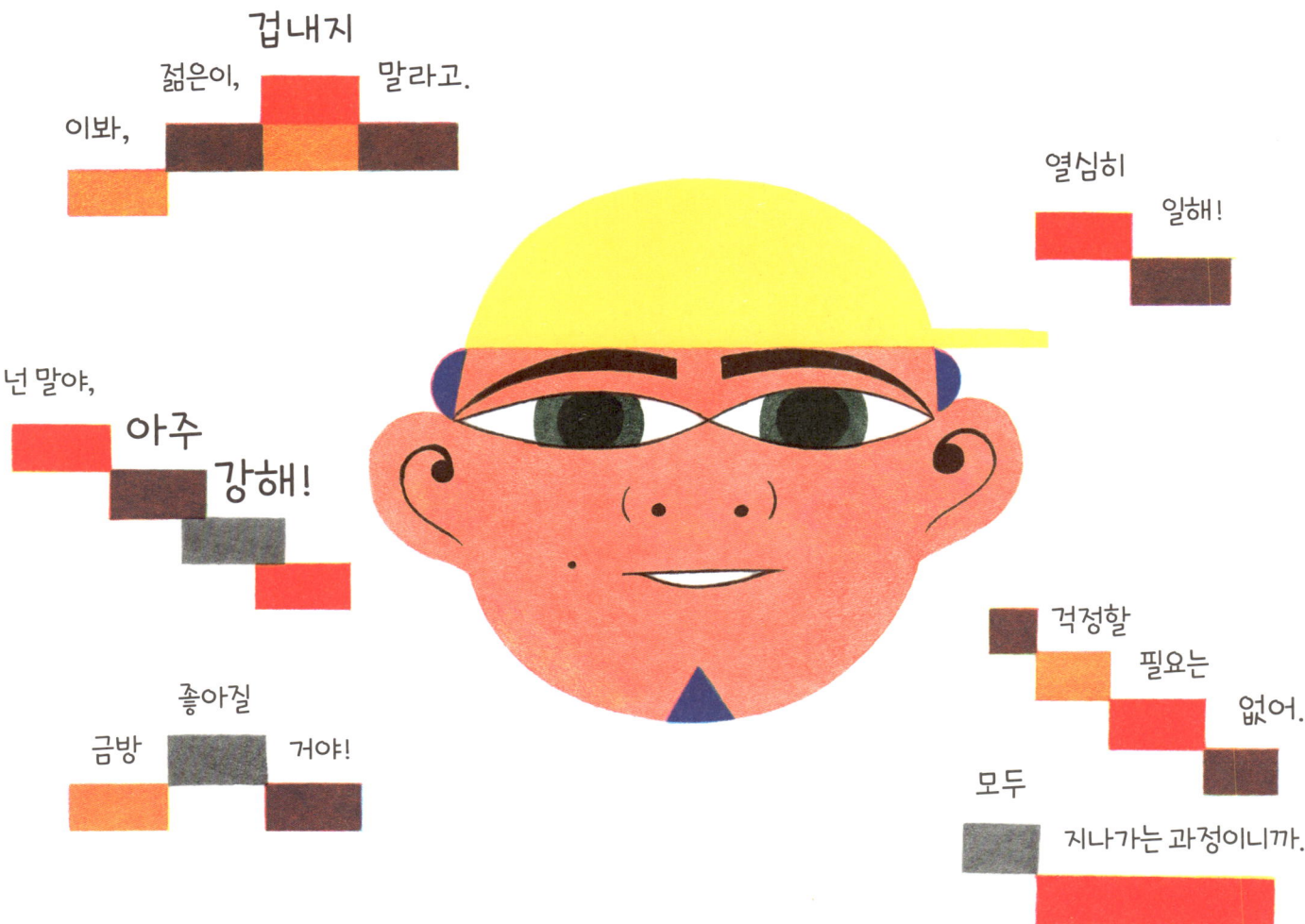

드디어 월급날이 되었습니다! 네소가 가장 먼저 한 일은 부모님께 돈을 보내는 일이었어요.

네소가 집에 왔을 때 가족들이 얼마나 반가워했는지 몰라요.

네소는 친한 친구 나지를 만났습니다. 나지는 재활용 쓰레기를 줍고 있었어요.

나지네 가족은 재활용 쓰레기를 주워다 팔아 살아가고 있습니다.

나지의 남동생 비비르는 제대로 먹지 못해서 학교에 다니기도 어려웠습니다.

나지는 마을에서 제일 부자인 마구 아저씨를 찾아가 일자리를 달라고 부탁했어요. 하지만 거절당했지요.

간신히 쌀겨 고르는 일을 하게 되었지만 받을 수 있는 돈은 너무나 적었어요.

만약, 만약 내가  친구 네소처럼  도시로 일하러 갈  용기가 있다면……

사랑하는

우리 가족을

먹여 살릴 수

있을 텐데.

하지만 난

몸도 약하고

용기도 없고

겁이 많아.

만약   강도라도 만나면?  누가 날 공격하면?  누군가 날 괴롭히면?

그러던 어느 날, 나지의 할머니가 병으로 몸져눕고 말았습니다.

나지와 아빠는 마구 아저씨를 다시 찾아가 도와 달라고 했지만 소용없었습니다.

나지에게는 선택의 여지가 없었습니다. 나지는 네소를 따라 도시로 향했습니다.

"거기 신참들, 빨리빨리 움직여! 더 빨리 움직이라고! 건물은 저절로 지어지는 게 아니야!"

"그냥 무시해."

**이번에는 네소가 친구 나지를 도와 공사장 일자리를 얻게 해 주었습니다.**

나지는 어딜 가든 네소를 따라다녔어요. 네소 덕분에 안심할 수 있었습니다.

쉬는 날이면 춤추러 나가서 긴장을 풀고 신나게 놀고 오기도 했지요.

이제 나지도 집에 돈을 보낼 수 있었습니다. 엄마는 기뻐서 만나는 사람마다 붙잡고 나지 이야기를 했습니다.

나지의 할머니도 음식을 충분히 먹자 곧 병이 나았습니다.

그러던 어느 날 갑자기 모든 일상이 멈춰 버렸습니다.

버스와 기차도 운행하지 않아서 두 사람은 걸어갈 수밖에 없었습니다.

며칠간이나 걷고, 걷고, 또 걸어서 네소와 나지는 마침내 집에 도착했습니다.

가족들은 전염병에 관한 이야기를 듣고 깜짝 놀라고 안타까워했습니다.

그렇게 몇 달이 흘렀습니다. 그 사이에 도시로 가는 버스가 다시 운행을 시작했지요.

혼자 도시로 떠나온 나지는 곧바로 공사장을 찾아갔어요. 현장 소장을 만나 할 이야기가 있었거든요.

나지와 같은 처지에 놓인 친구들도 나지 편에 섰어요. 결국 현장 소장은 나지의 말을 들어주었습니다.

나지와 친구들은 이제 안심하고 편안히 잠을 잘 수 있습니다.

에스테르 뒤플로가 전하는 말

# 모두를 위한 노동인권

2020년 3월 말, 인도에서 수백만 명의 사람이 길거리로 쏟아져 나온 일이 있었습니다. 인도 정부가 코로나19 바이러스의 전염을 막기 위해 엄격한 봉쇄 조치를 시행하는 바람에 약 1억 명의 이주 노동자가 일자리와 살 곳을 갑작스럽게 잃었기 때문입니다.

그들은 고향 마을에서만 긴급 지원을 받을 수 있었기에 무슨 수를 써서라도 집으로 돌아가야만 했습니다. 버스와 기차가 운행을 중단하자 수십 킬로미터를 걸어서 돌아가기도 했지요. 그제야 인도 정부는 공장, 식당, 건설 현장을 움직이는 원동력인 이주 노동자들의 생활이 얼마나 불안정한 상태에 놓여 있었는지 깨달았습니다.

이 책의 주인공인 네소와 나지도 그런 이주 노동자들입니다.

### 에스테르 뒤플로가 전하는 말

## 남동생 비비르는 제대로 먹지 못해서 학교에 다니기도 어려웠습니다

수확을 앞둔 몇 달간은 힘든 시기입니다. 이전에 거둔 작물은 이미 동나고, 새로운 작물은 아직 수확하기 전이죠. 동아프리카에서는 이 시기를 가리켜 '배고픈 계절', 방글라데시에서는 '기근'이라고 불러요.

1959년에 인도의 경제학자 디팍 마줌다르(Deepak Mazumdar)는 수확이 거의 없는 이런 시기에 땅을 갖지 못한 농부들을 비롯한 수많은 사람이 빈곤의 덫에 빠질 수 있다는 연구 결과를 내놓기도 했습니다. 빈곤의 덫이란 가난이 기회 자체를 제한하게 되고 그 결과로 가난이 지속되는 상황입니다(그래프를 보세요). 사람이 생존하고 일을 하려면 최소한의 음식과 영양을 섭취해야 합니다. 즉 식량을 충분히 살 수 있을 만큼 돈을 벌어야 하지요. 그러나 임금이 너무 낮으면 그렇게 할 수 없고, 영양실조와 빈곤의 덫에 빠지게 됩니다.

오늘날 전 세계적으로 기근이나 영양실조는 과거에 비해

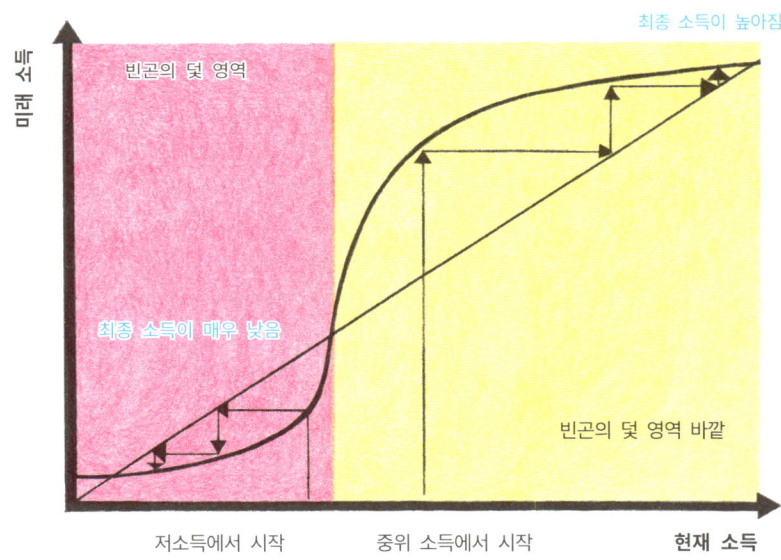

이 그래프는 소득의 변화가 어떻게 빈곤의 덫을 만들어 낼 수 있는지를 보여줍니다. 노란색으로 표시된 영역에서는, 현재의 소득이 더 많은 미래 소득을 가져오게 됩니다. 따라서 중위 소득에서 시작하는 사람은 점차 부유해지며, 생애 말기로 갈수록 상대적으로 높은 소득을 올릴 수 있습니다.
하지만 분홍색으로 표시된 영역, 즉 저소득에서 시작하는 사람은 점점 더 가난해지며 결국 아주 적은 소득만으로 살아가게 됩니다.

많이 줄어들었습니다. 유엔은 1990년 이후 굶주림에 시달리는 인구가 그 이전보다 절반가량 줄어든 것으로 추정하고 있어요. 일상생활을 제대로 할 수 없을 만큼 굶주리며 살아가는 사람들은 상대적으로 줄었습니다. 하지만 여전히 세계 곳곳의 가난한 나라에서는 작물의 수확이 거의 없는 시기에 수많은 사람들이 식량 부족으로 고통스럽게 살아가고 있습니다. 여성과 노인은 가족을 위해 끼니를 거르고, 아이들은 고기와 같은 단백질의 섭취를 포기해야만 합니다. 이런 것들이 새로운 빈곤의 덫을 만들어 내고 있어요. 영양실조로 학교에 갈 수조차 없는 아이들, 병든 사람들, 음식을 제대로 먹지 못해 일에 집중할 수 없는 어른들이 그 피해자가 되는 겁니다.

## 내 이름은 네소, 나는 모험가야

미국 예일 대학교의 한 연구원과 IPA Innovation for Poverty Action라는 단체가 방글라데시에서 실시한 연구가 있습니다. 작물의 수확이 거의 없는 기간에 무작위로 두 마을을 선정해, 주민들에게 도시로 가서 일자리를 찾도록 유도한 것입니다. 특히 한 마을 주민들에게는 도시로 이주할 경우 버스 요금에 해당하는 7달러를 지원해 주었어요. 그 결과 주민들의 도시 이주율이 크게 증가했는데, 버스 요금을 지원한 마을에서는 57퍼센트, 그렇지 않은 마을에서는 34퍼센트의 주민들이 도시로 이주했습니다. 이주한 사람들 대부분은 일자리를 얻어 고향에 있는 가족들을 부양할 수 있었습니다. 이주자 가정의 음식물 섭취량은 이전보다 3분의 1가량 증가했지요. 즉 이들 가정은 이전에 굶주림과 영양실조에 시달렸던 때보다 훨씬 나은 상태로 개선되었어요. 이 연구 이후 케냐에서 방글라데시에 이르기까지 많은 국가에서 이주 노동자들의 가족 부양 능력이 향상된 것을 확인했어요. 이주 노동자들은 휴대 전화를 이용해 고향으로 돈을 송금하고 있습니다.

## 만약 내가 친구 네소처럼
## 도시로 일하러 갈 용기가 있다면

이주 노동자들의 가족들이 이전보다 훨씬 나은 생활을 하게 된 것은 분명한 사실입니다. 그럼에도 불구하고 이 예일 대학교의 연구에 참여했던 이주 노동자들 대부분은 다음 해에 도시로 돌아가는 것을 포기했어요. 연구원들은 도시 이주 지원 프로그램을 방글라데시의 다른 지역으로까지 확장하려고 했지만, 프로그램에 관심을 보이는 사람들을 찾기 어려웠습니다.

   이 과정에서 연구원들은 중요한 사실을 새롭게 깨달았어요. 사람들은 오랫동안 살아왔던 거주지를 떠나 낯선 곳으로 이주하기를 꺼린다는 사실입니다. 이주를 방해하는 법적인 제약이 전혀 없는데도 말이에요. 몇몇 나라에서는 정치 지도자들이 오

히려 불필요한 우려를 하고 있기도 해요. 가난한 사람들이 무슨 수를 써서라도 고향을 벗어나 도시로, 또는 다른 나라로 떠나려 한다며, 이런 흐름을 통제할 수 없을 거라고 생각하는 것입니다. 현실은 전혀 다른데도 말이지요.

### 에스테르 뒤플로가 전하는 말

사람들은 생계를 이어 가는 것이 힘들 만큼 절박한 상황에서도 좀처럼 살던 곳을 떠나고 싶어 하지 않습니다. 이주 노동자들도 그러했습니다. 도시에서 일하면 고향에서보다 더 많은 돈을 벌 수는 있지만, 가족들과 헤어져 지저분한 판자촌에서 살아야 한다는 것을 알고 있습니다. 아니면 일하는 작업장 구석에서 제대로 된 잠자리나 편의 시설도 없이 지내야 합니다. 만약 사고를 당하거나, 병에 걸리거나, 실직하게 되면 그들은 아무런 도움도 받을 수 없습니다. 고향 마을에서 의지할 수 있었던 이웃 간의 비공식적인 네트워크나 정부의 지원에도 접근하기 어려워집니다.

이런 이유로 아프리카나 아시아의 가난한 나라에서, 살던 곳을 떠나 새로운 곳으로 이주하는 사람들은 별로 많지 않습니다. 이주가 충분히 이루어지지 않고 있다는 것입니다. 이주에 대한 저항은 경제 위기나 기후 변화로 인한 충격에 직면했을 때 인구의 회복력을 감소시키게 됩니다. 마을에 일자리나 식량이 부족할 때 사람들이 떠날 수 있는 조정 밸브로서 이주의 역할이 제대로 가동되지 못하는 것입니다.

이주가 제대로 이루어지지 않으면 도시의 기업들도 근로자를 구하고 유지하는 데에 문제가 생겨 생산성이 낮아집니다. 코로나19 위기 사태로 강제 귀국 및 귀향이 발생한 이후 많은 이주 노동자가 일터로 돌아가지 않으려고 해서 이러한 문제는 더욱 악화되었습니다.

앞으로 기후 변화에 따른 영향으로 농어촌 지역 사람들의 생활은 더욱 불안정해질 가능성이 높습니다. 나지가 도시로 돌아가기 위해 동료들과 함께 실천에 옮겼던 행동은 이런 점에서 중요합니다. 더 많은 사람들이 이주라는 방법을 좀 더 나은 삶을 위해 선택하게 만드는 게 앞으로 우리가 살아갈 10년 동안 극복해야 할 큰 도전 중 하나가 될 것입니다.

**네소와 나지, 도시로 가다**  에스테르 뒤플로 글 | 샤이엔 올리비에 그림 | 최진희 옮김

**1판 1쇄 인쇄** 2023년 11월 20일  **1판 1쇄 발행** 2023년 12월 15일  **펴낸곳** 도서출판 라이브리안  **펴낸이** 최진희  **편집 및 디자인** 에듀툰 EDUTOON
**출판등록** 제2019-000109호  **등록일자** 2019년 8월 20일  **주소** 서울특별시 서초구 서초대로 248, 673호  **전화** 02 2135 2106  **팩스** 0303 3445 3556
**ISBN** 979-11-985290-0-8 (77860)  979-11-985290-3-9 (세트)  잘못된 책은 구입하신 서점에서 바꾸어 드립니다. 책값은 뒤표지에 있습니다.